AF457141

100 EXERCICES ET JEUX sélectionnés pour l'initiation à LA NATATION

María Martínez Moreno
David Blanco Luengo

Titre: 100 EXERCICES ET JEUX SÉLECTIONNES POUR L'INITIATION À LA NATATION
Auteur: María Martínez Moreno, , David Blanco Luengo, José Fco. Wanceulen Moreno, Antonio Wanceulen Moreno

Éditorial: WANCEULEN EDITORIAL
Sceau: WANCEULEN EDITORIAL DEPORTIVA

ISBN (Papier): 978-84-18682-47-6
ISBN (Ebook): 978-84-18682-48-3

DÉPÔT LÉGAL: SE 337-2021

Imprimé en Espagne. 2021

WANCEULEN S.L.
C/ Cristo del Desamparo y Abandono, 56 - 41006 Sevilla
Dirección web: www.wanceuleneditorial.com y www.wanceulen.com
Email: info@wanceuleneditorial.com

INDICE

INTRODUCTION

L'environnement aquatique et la natation ont été présents dans la vie des humains depuis les civilisations antérieures et à travers tous les âges. Nous pouvons trouver une grande variété d'approches et d'applications de celui-ci: utilitaire (survivre dans l'eau), éducatif (moyen d'apprentissage des valeurs), récréatif ou ludique, compétitif ou axé sur la performance et hygiénique-sanitaire (axé sur la santé ou la réadaptation).

Aux premiers âges, les activités se basent sur des jeux pour la motricité, de coordination et de perception. Avec les jeux de perception, on travaille la motricité globale (la coordination dynamique globale, l'équilibre, la respiration et la relaxation), la motricité fine (la coordination segmentaire) et d'autres aspects comme la force, les réflexes et la confiance en l'utilisation du propre corps. D'autre part, les jeux de perception permettent le développement de la latéralité, le schéma corporel et les concepts espace-temps et espace-visuel.

Dans l'apprentissage de la natation, nous trouvons une étape d'assimilation, axée sur la conscience et la structure du mouvement et une étape d'amélioration ou perfectionnement, dans laquelle l'accent est mis sur la correction de la technique, l'automatisation et la stabilisation.

Ce livre propose une série de jeux destinés à l'initiation à la natation et, par conséquent, se référant à l'étape de l'assimilation. Ainsi, les objectifs prioritaires à assimiler, et qui déterminent la nature des jeux, sont : la familiarisation avec le milieu aquatique, le développement des habiletés motrices de base aquatiques et l'apprentissage technique de base.

Les jeux sont triés par ordre croissant de complexité, coïncidant avec les différentes phases de l'apprentissage:

- On commence avec des **Exercices de Familiarisation avec l'eau (1-40)**, dans le petit bassin et dans le grand bassin. Ces jeux sont orientés vers la domination de l'environnement aquatique et la survie. Par conséquent, on travaille la familiarisation et le contact avec les différentes parties du corps, et l'introduction aux différentes formes de déplacement, y compris l'utilisation de divers matériaux (balles, planches de natation, pull-buoys, cerceaux, etc.).

- On continue avec des **Exercices de perception, avec matériel et sans matériel. (41-63)** dans la piscine d'initiation ou petit bassin. Ces jeux visent à réaliser librement des mouvements et de renforcer le schéma corporel. Pour ce faire, des déplacements, des virages, des sauts, des emplacements et des réceptions sont effectués. Des jeux sont proposés dans lesquels l'étudiant est libre de se déplacer à travers l'eau à son goût et d'expérimenter avec elle. Les jeux avec des balles, des matelas gonflables et des cerceaux, facilitent l'acquisition des compétences décrites ci-dessus.
- On finalise avec des **Exercices de conditionnement physique: la respiration (64-100)**, dans le petit bassin et dans le grand bassin. Ces jeux visent à amener l'élève à maîtriser son corps sous l'eau, apprendre à contrôler la respiration et gagner en capacité et en autonomie. La peur de la plongée est fréquente donc la surmonter sera également un objectif à atteindre à travers de tels jeux. Enfin, la respiration et la technique spécifique au style, en particulier le crawl et le dos, sont introduites.

SYMBOLOGIE

Déplacement
Trajectoire
Expulser des bulles
Inspiration
Retenir sa respiration
Air
Ballon de baudruche
Ballon de ping-pong
Corde
Ligne de séparation des couloirs
Bouée
Brassards
Planche de natation
Pull-buoy
Balle
Cerceau
Matelas gonflable
Balle géante
Seau
Bouteille en plastique

100 exercices et jeux sélectionnés pour l'initiation à **la Natation**

A. Exercices de familiarisation avec l'eau: dans le petit bassin et dans le grand bassin.

B. Exercices de perception: avec matériel et sans matériel.

C. Exercices de conditionnement physique: la respiration.

1. Exercices de familiarisation avec l'eau

Participation: Individuelle.

Type de piscine: Petit bassin.

Matériel: Aucun.

Déroulement: Chaque élève s'assoit sur le bord et fait des battements de jambes.

Classement: Exercice de familiarisation avec l'eau.

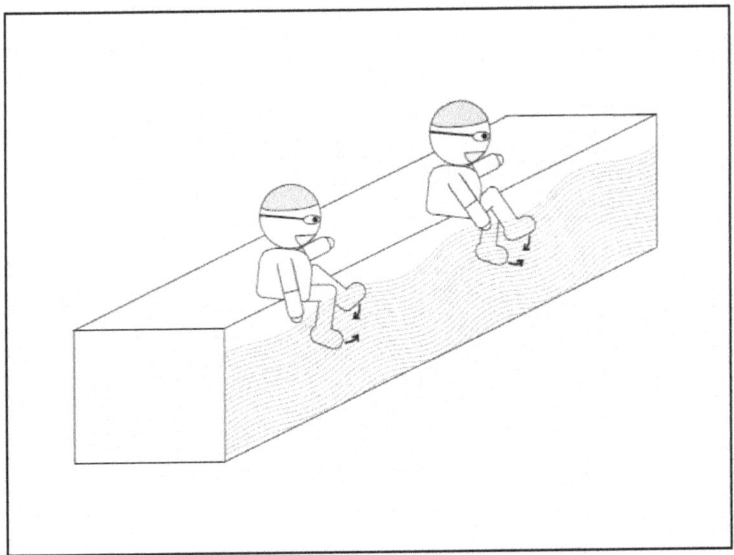

2. Exercices de familiarisation avec l'eau

Participation: Groupe.

Type de piscine: Petit bassin.

Matériel: Balles de taille moyenne.

Déroulement: Les élèves se placent debout au bord et lancent des balles au professeur, qui les retournera à eux.

Classement: Exercice de familiarisation avec l'eau.

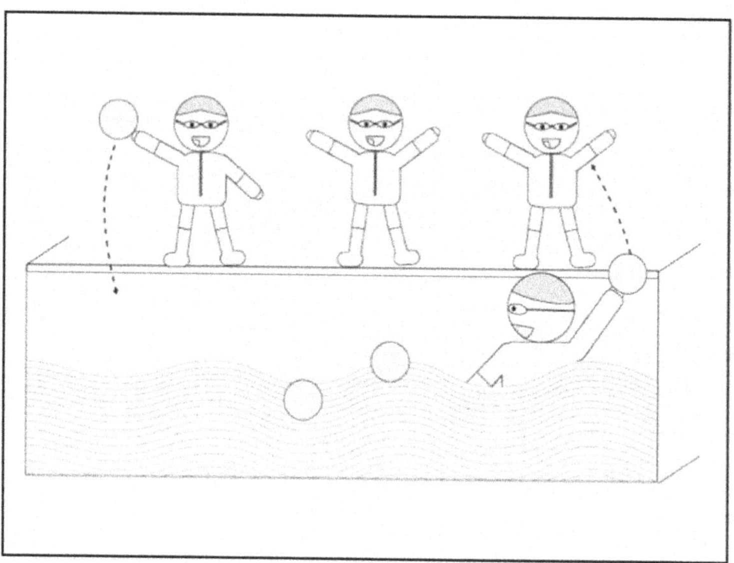

3. Exercices de familiarisation avec l'eau

Participation: Groupe.

Type de piscine: Petit bassin.

Matériel: Tuyau d'arrosage / seau, balles.

Déroulement: Le professeur arrose aux élèves avec un tuyau d'arrosage ou un seau, pendant qu'ils lui lancent des balles.

Classement: Exercice de familiarisation avec l'eau.

4. Exercices de familiarisation avec l'eau

Participation: Groupe.

Type de piscine: Petit bassin.

Matériel: Bouées, palmes, matelas gonflable.

Déroulement: Quelques élèves rament dans une matelas gonflable pendant que d'autres le poussent avec des battements de jambes avec des palmes. Tous les élèves portent une bouée.

Classement: Exercice de familiarisation avec l'eau.

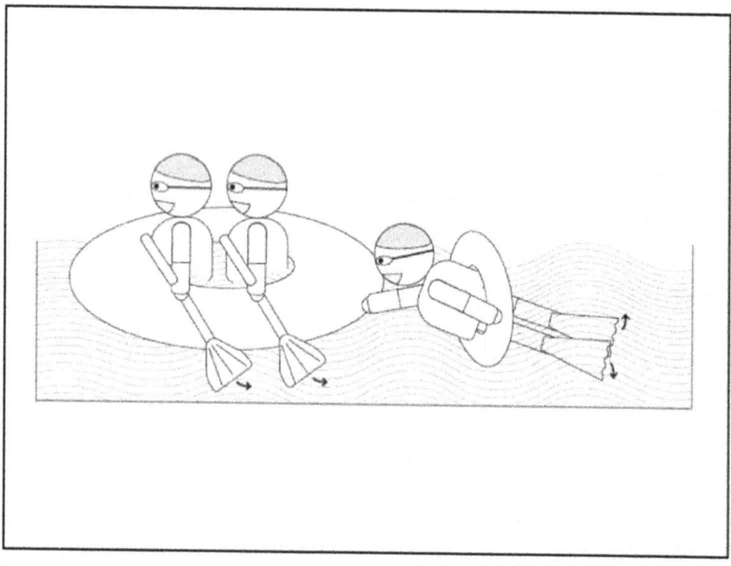

5. Exercices de familiarisation avec l'eau

Participation: Individuelle.

Type de piscine: Petit bassin.

Matériel: Bouées.

Déroulement: Le professeur prenne à chaque élève par la main et se déplace avec lui. Tous les élèves portent une bouée.

Classement: Exercice de familiarisation avec l'eau.

6. Exercices de familiarisation avec l'eau

Participation: Individuelle.

Type de piscine: Petit bassin.

Matériel: Bouées.

Déroulement: Chaque élève descend pour l'échelle et se déplace pour la piscine se tenant au bord avec les deux mains. Tous portent une bouée.

Classement: Exercice de familiarisation avec l'eau.

7. Exercices de familiarisation avec l'eau

Participation: Individuelle.

Type de piscine: Petit bassin.

Matériel: Bouées.

Déroulement: Chaque élève se déplace pour la piscine se tenant au bord avec une seule main. Tous portent une bouée.

Classement: Exercice de familiarisation avec l'eau.

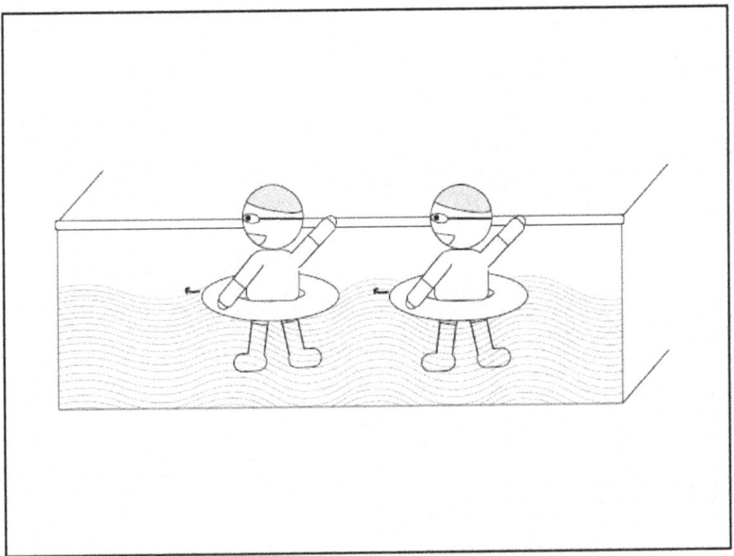

8. Exercices de familiarisation avec l'eau

Participation: Individuelle.

Type de piscine: Petit bassin.

Matériel: Bouées.

Déroulement: Chaque élève se déplace pour la piscine librement. Tous portent une bouée.

Classement: Exercice de familiarisation avec l'eau.

9. Exercices de familiarisation avec l'eau

Participation: Deux par deux.

Type de piscine: Petit bassin.

Matériel: Bouées, cerceux.

Déroulement: Un élève déplace son partenaire tirant du cerceau qui est autour de lui.

Classement: Exercice de familiarisation avec l'eau.

10. Exercices de familiarisation avec l'eau

Participation: Groupe.

Type de piscine: Petit bassin.

Matériel: Bouée.

Déroulement: Chaque élève porte une bouée. Ils forment une file prenant la bouée du partenaire de devant. Le profeseur déplace toute la file tenant les mains du premier.

Classement: Exercice de familiarisation avec l'eau.

11. Exercices de familiarisation avec l'eau

Participation: Deux par deux.

Type de piscine: Petit bassin.

Matériel: Bouées, balles de taille moyenne.

Déroulement: Les élèves portent une bouée et se lancent une balle entre eux.

Classement: Exercice de familiarisation avec l'eau.

12. Exercices de familiarisation avec l'eau

Participation: Individuelle.

Type de piscine: Petit bassin.

Matériel: Bouée.

Déroulement: Chaque élève nage avec un bras libre et avec l'autre prenant une bouée.

Classement: Exercice de familiarisation avec l'eau.

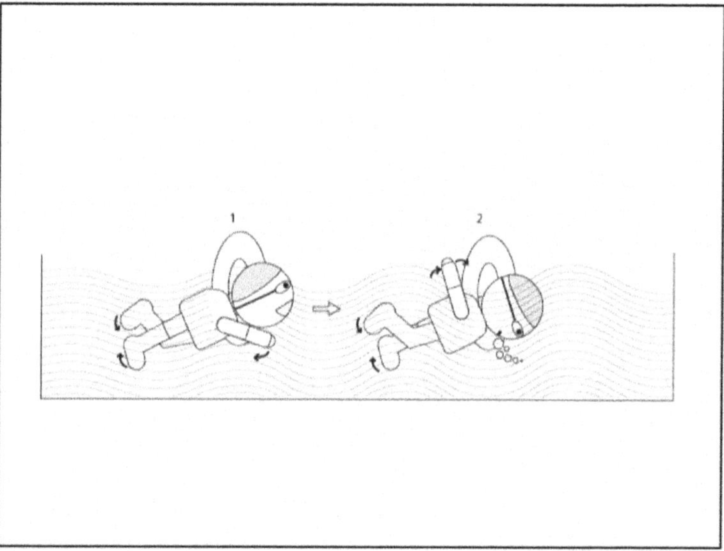

13. Exercices de familiarisation avec l'eau

Participation: Groupe.

Type de piscine: Petit bassin.

Matériel: Bouées.

Déroulement: Les élèves portent une bouée et forment un cercle en se tenant les mains. Ils doivent bouger dans tous les sens possibles.

Classement: Exercice de familiarisation avec l'eau.

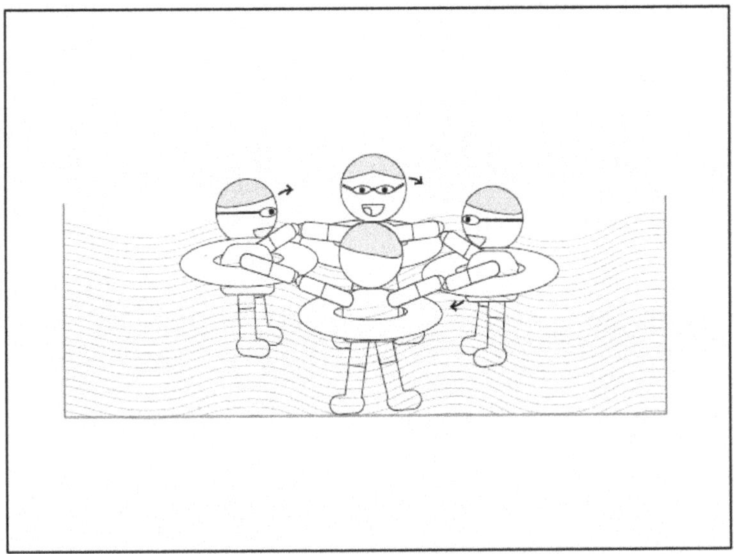

14. Exercices de familiarisation avec l'eau

Participation: Groupe.

Type de piscine: Petit bassin.

Matériel: Balles, bouées,, bouteilles en plastique, seaux.

Déroulement: Le professeur place aléatoirement tout le matériel dans la piscine. Les élèves, chacun portant une bouée, doivent le récupérer et le lui rendre.

Classement: Exercice de familiarisation avec l'eau.

15. Exercices de familiarisation avec l'eau

Participation: Deux par deux.

Type de piscine: Petit bassin.

Matériel: Bouées, matelas gonflable.

Déroulement: Un élève se place dans un matelas gonflable pendant que son partenaire lui pousse. Les deux élèves portent une bouée.

Classement: Exercice de familiarisation avec l'eau.

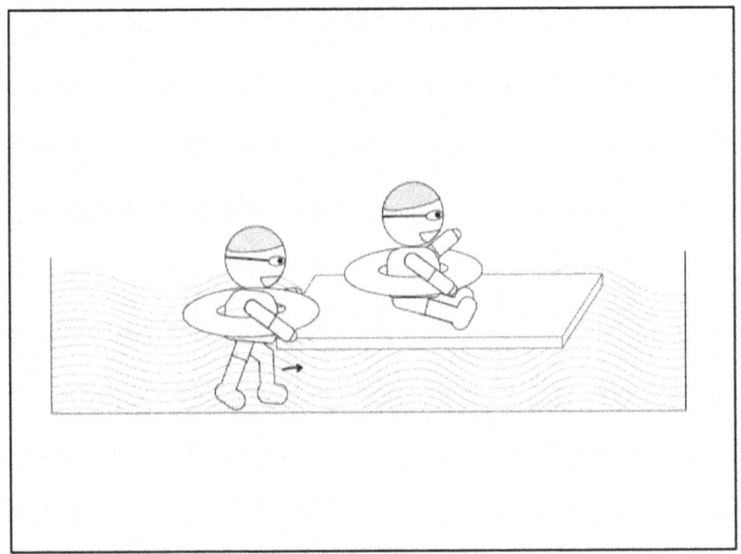

16. Exercices de familiarisation avec l'eau

Participation: Groupes de 3.

Type de piscine: Petit bassin.

Matériel: Bouées.

Déroulement: Deux élèves tiennent son partenaire par les bras et les pieds et lui déplacent. Tous portent une bouée.

Classement: Exercice de familiarisation avec l'eau.

17. Exercices de familiarisation avec l'eau

Participation: Individuelle.

Type de piscine: Petit bassin.

Matériel: Bouées.

Déroulement: Chaque élève prends deux bouées, une avec chaque bras, et essaie de lever les jambes.

Classement: Exercice de familiarisation avec l'eau.

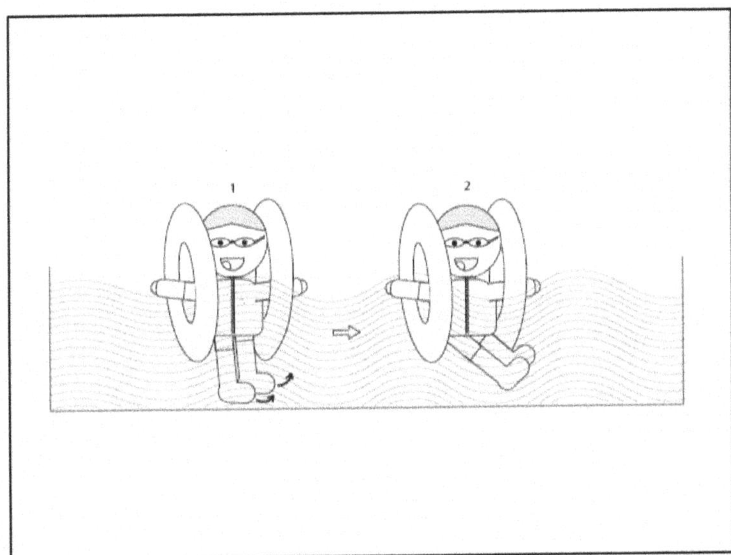

18. Exercices de familiarisation avec l'eau

Participation: Individuelle.

Type de piscine: Petit bassin.

Matériel: Bouées, balles.

Déroulement: Chaque élève porte une bouée et nage poussant une balle.

Classement: Exercice de familiarisation avec l'eau.

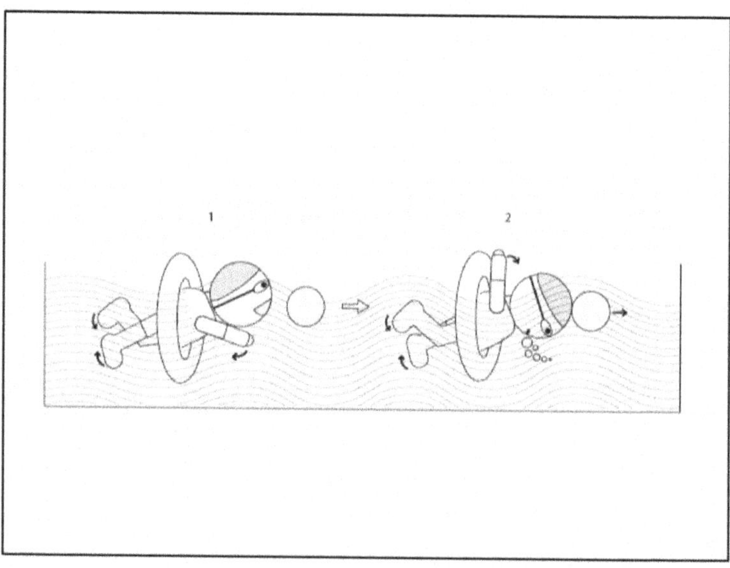

19. Exercices de familiarisation avec l'eau

Participation: Individuelle.

Type de piscine: Petit bassin.

Matériel: Corde.

Déroulement: Deux élèves tiennent une corde d'un côté à l'autre de la piscine. Leurs partenaires s'accrochent à la corde et se déplacent.

Classement: Exercice de familiarisation avec l'eau.

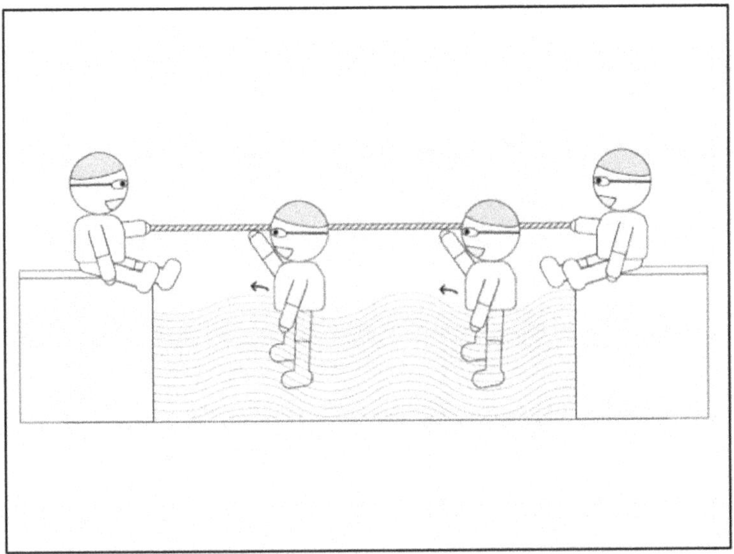

20. Exercices de familiarisation avec l'eau

Participation: Individuelle.

Type de piscine: Petit bassin.

Matériel: Balles de taille moyenne.

Déroulement: Les élèves se déplacent librement poussant une balle avec le nez.

Classement: Exercice de familiarisation avec l'eau.

21. Exercices de familiarisation avec l'eau

Participation: Individuelle.

Type de piscine: Petit bassin.

Matériel: Balles de taille moyenne.

Déroulement: Les élèves se déplacent librement poussant une balle avec la poitrine.

Classement: Exercice de familiarisation avec l'eau.

22. Exercices de familiarisation avec l'eau

Participation: Individuelle.

Type de piscine: Petit bassin.

Matériel: Planches de natation.

Déroulement: Les élèves se déplacent librement avec une planche de natation sur la tête.

Classement: Exercice de familiarisation avec l'eau.

23. Exercices de familiarisation avec l'eau

Participation: Groupe.

Type de piscine: Petit bassin.

Matériel: Cerceux.

Déroulement: Les élèves doivent traverser les cerceaux que le professeur a rangé préalablement dans la piscine.

Classement: Exercice de familiarisation avec l'eau.

24. Exercices de familiarisation avec l'eau

Participation: Individuelle.

Type de piscine: Petit bassin.

Matériel: Balles de taille moyenne.

Déroulement: Chaque élève immerge une balle et ensuite la relâche.

Classement: Exercice de familiarisation avec l'eau.

25. Exercices de familiarisation avec l'eau

Participation: Individuelle.

Type de piscine: Petit bassin.

Matériel: Aucun.

Déroulement: Chaque élève se déplace en sautant à pieds joints.

Classement: Exercice de familiarisation avec l'eau.

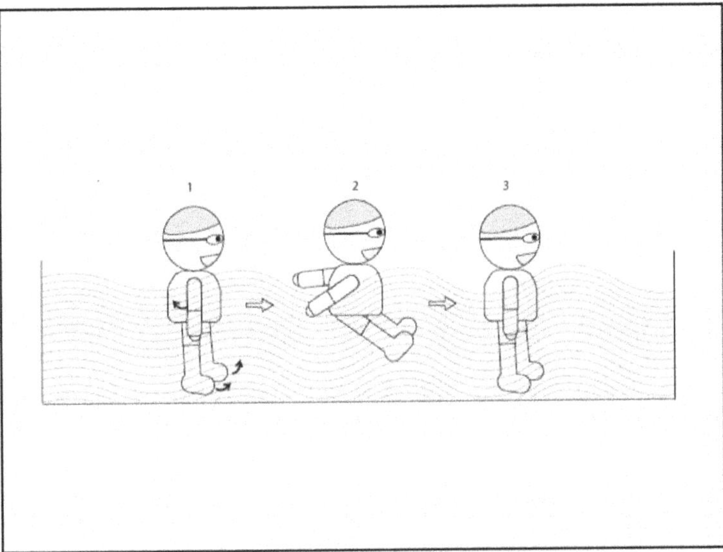

26. Exercices de familiarisation avec l'eau

Participation: Deux par deux.

Type de piscine: Petit bassin.

Matériel: Aucun.

Déroulement: Chaque élève s'accroche aux épaules du partenaire de devant puis ils bougent ensemble.

Classement: Exercice de familiarisation avec l'eau.

27. Exercices de familiarisation avec l'eau

Participation: Deux par deux.

Type de piscine: Petit bassin.

Matériel: Aucun.

Déroulement: Dans la piscine, chaque élève en tiendra un autre dans ses bras puis ils bougeront dans toutes les directions.

Classement: Exercice de familiarisation avec l'eau.

28. Exercices de familiarisation avec l'eau

Participation: Deux par deux.

Type de piscine: Petit bassin.

Matériel: Matelas gonflable.

Déroulement: Un élève se place dans un matelas gonflable pendant que son partenaire lui pousse. .

Classement: Exercice de familiarisation avec l'eau.

29. Exercices de familiarisation avec l'eau

Participation: Groupe.

Type de piscine: Petit bassin.

Matériel: Cerceux, balles.

Déroulement: Chaque élève a un cerceau autour de lui. Le professeur lance de balles et les élèves doivent éviter que la balle entre dans leur cerceau.

Classement: Exercice de familiarisation avec l'eau.

30. Exercices de familiarisation avec l'eau

Participation: Individuelle.

Type de piscine: Petit bassin.

Matériel: Pull-buoy, balles, bouées, planches de natation.

Déroulement: Le professeur place aléatoirement du matériel dans la piscine . Chaque élève porte un pull-buoy sous un bras et bouge poussant le matériel avec l'autre.

Classement: Exercice de familiarisation avec l'eau.

31. Exercices de familiarisation avec l'eau

Participation: Groupe.

Type de piscine: Petit bassin.

Matériel: Balles.

Déroulement: Les élèves forment un cercle se prenant les mains et bougent. Ils doivent maintenir une balle au centre donnant de coups de pied.

Classement: Exercice de familiarisation avec l'eau.

32. Exercices de familiarisation avec l'eau

Participation: Deux par deux.

Type de piscine: Petit bassin.

Matériel: Cerceaux, balles, bouées.

Déroulement: Le professeur range un cerceu sur la surface de l'eau. Les élèves se passent une balle entre eux la lançant à travers du cerceau.

Classement: Exercice de familiarisation avec l'eau.

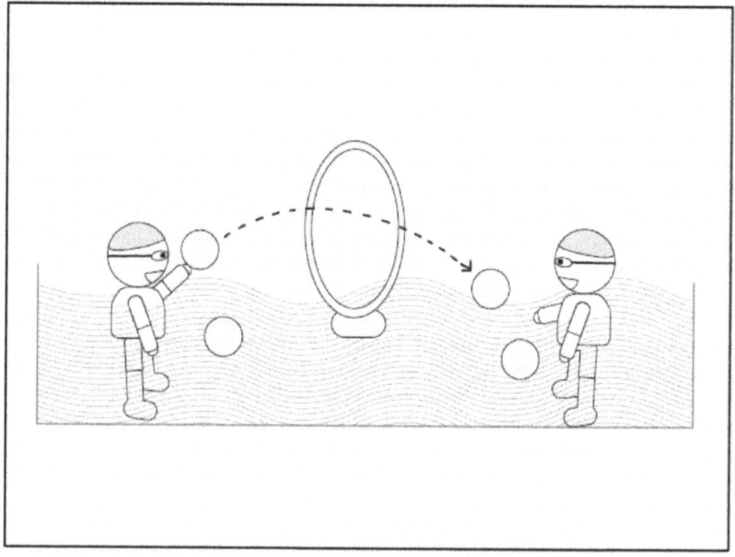

33. Exercices de familiarisation avec l'eau

Participation: Individuelle.

Type de piscine: Petit bassin.

Matériel: Balles, bouées.

Déroulement: Chaque élève, avec une bouée sur la taille, s'assoit sur une balle et se déplace avec l'aide des mains.

Classement: Exercice de familiarisation avec l'eau.

34. Exercices de familiarisation avec l'eau

Participation: Individuelle.

Type de piscine: Grand bassin.

Matériel: Bouées.

Déroulement: Chaque élève descends par l'échelle, flotte quelques secondes et finalement re-monte. Tous portent une bouée.

Classement: Exercice de familiarisation avec l'eau.

35. Exercices de familiarisation avec l'eau

Participation: Individuelle.

Type de piscine: Grand bassin.

Matériel: Bouées.

Déroulement: Chaque élève porte une bouée et se déplace se tenant au bord avec les mains.

Classement: Exercice de familiarisation avec l'eau.

36. Exercices de familiarisation avec l'eau

Participation: Individuelle.

Type de piscine: Grand bassin.

Matériel: Bouées, Brassards.

Déroulement: Chaque élève porte une bouée et des brassards et nage librement.

Classement: Exercice de familiarisation avec l'eau.

37. Exercices de familiarisation avec l'eau

Participation: Individuelle.

Type de piscine: Grand bassin.

Matériel: Bouées, balles.

Déroulement: Chaque élève porte une bouée et nage pendant qu'il pousse une balle.

Classement: Exercice de familiarisation avec l'eau.

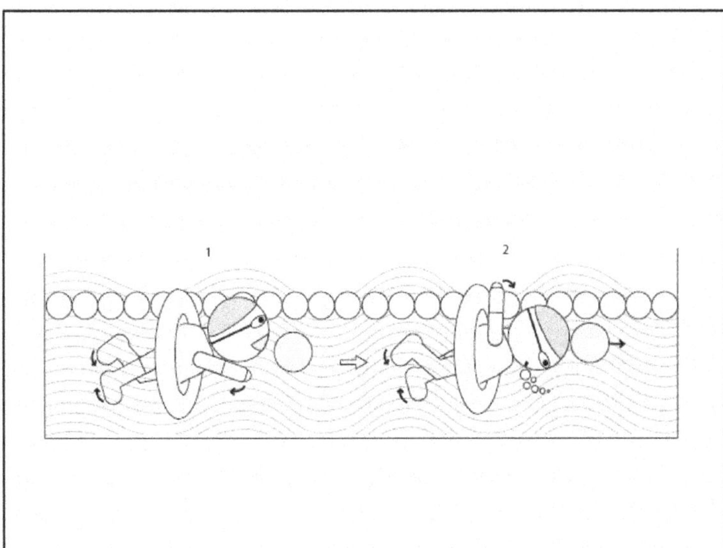

38. Exercices de familiarisation avec l'eau

Participation: Individuelle.

Type de piscine: Grand bassin.

Matériel: Bouées, pull-buoy.

Déroulement: Chaque élève nage en crawl portant une bouée et un pull-buoy entre les jambes.

Classement: Exercice de familiarisation avec l'eau.

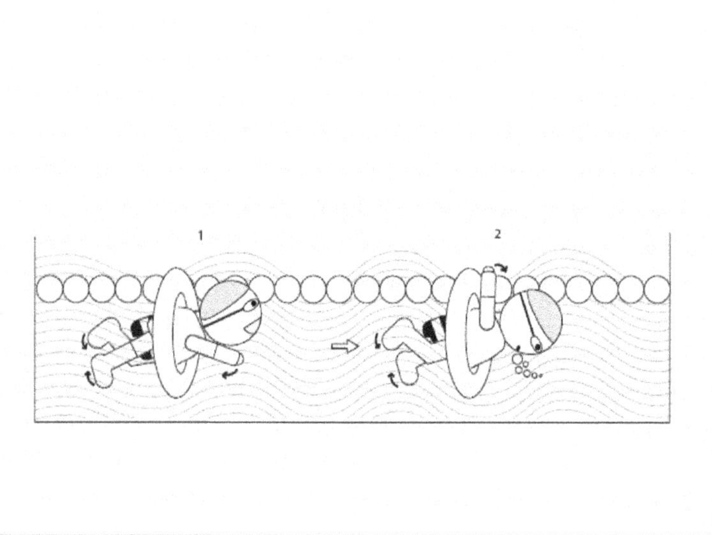

39. Exercices de familiarisation avec l'eau

Participation: Groupe.

Type de piscine: Grand bassin.

Matériel: Bouées, balles, seaux, matelas gonflable.

Déroulement: Le professeur place aléatoirement du matériel dans la piscine avec lequel les élèves jouent librement. Tous portent une bouée.

Classement: Exercice de familiarisation avec l'eau.

40. Exercices de familiarisation avec l'eau

Participation: Individuelle.

Type de piscine: Grand bassin.

Matériel: Planches de natation.

Déroulement: Chaque élève nage avec des battements sur le dos, une main tennant la ligne de séparation de couloirs et l'autre, une planche de natation.

Classement: Exercice de familiarisation avec l'eau.

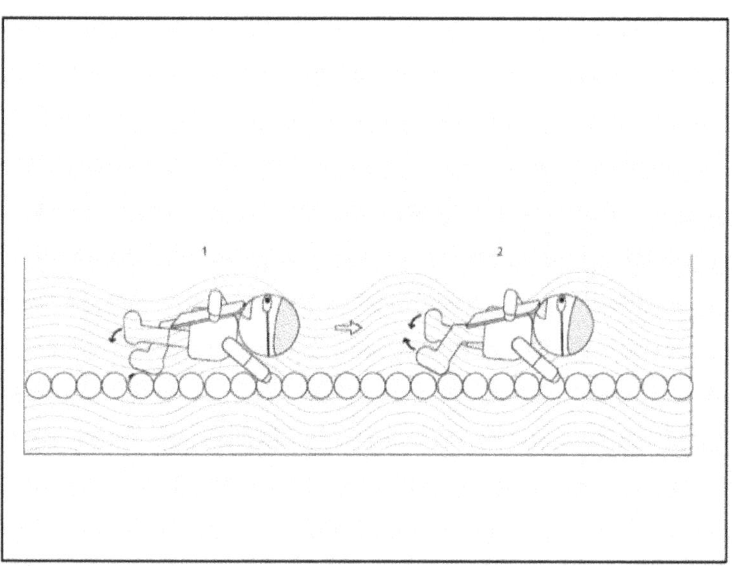

41. Exercices de familiarisation avec l'eau

Participation: Deux par deux.

Type de piscine: Petit bassin.

Matériel:Balles.

Déroulement: Un élève porte une balle et son partenaire lui dit où il doit la ranger (en haut, à droite, etc.)

Classement: Exercice de perception.

42. Exercices de perception

Participation: Individuelle.

Type de piscine: Petit bassin.

Matériel: Bouées, balles.

Déroulement: Il y a de bouées dans la piscine que les élèves doivent éviter pendant qu'ils nagent poussant une balle avec la poitrine.

Classement: Exercice de perception.

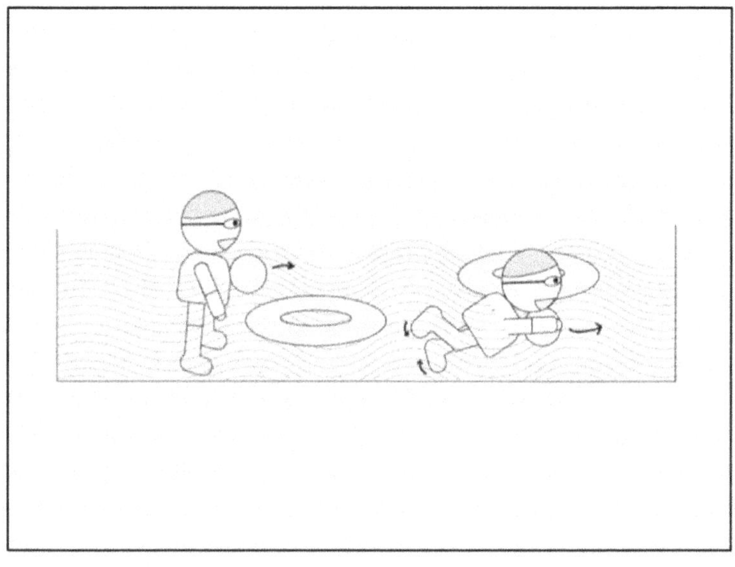

43. Exercices de perception

Participation: Individuelle.

Type de piscine: Petit bassin.

Matériel: Balles.

Déroulement: Chaque élève porte une balle avec laquelle il doit suivre les indications du professeur: la passer d'une main à l'autre, la lancer avec la main droite, la lancer en arrière, etc.

Classement: Exercice de perception.

44. Exercices de perception

Participation: Individuelle.

Type de piscine: Petit bassin.

Matériel: Balles.

Déroulement: Chaque élève doit plonger une balle et se déplacer sans que la balle remonte à la surface.

Classement: Exercice de perception.

45. Exercices de perception

Participation: Individuelle.

Type de piscine: Petit bassin.

Matériel: Balles.

Déroulement: Les élèves se mettent avec les jambes séparés. Chacun porte une balle qui doit passer à travers ses jambes et la prendre quand la balle remonte à la surface.

Classement: Exercice de perception.

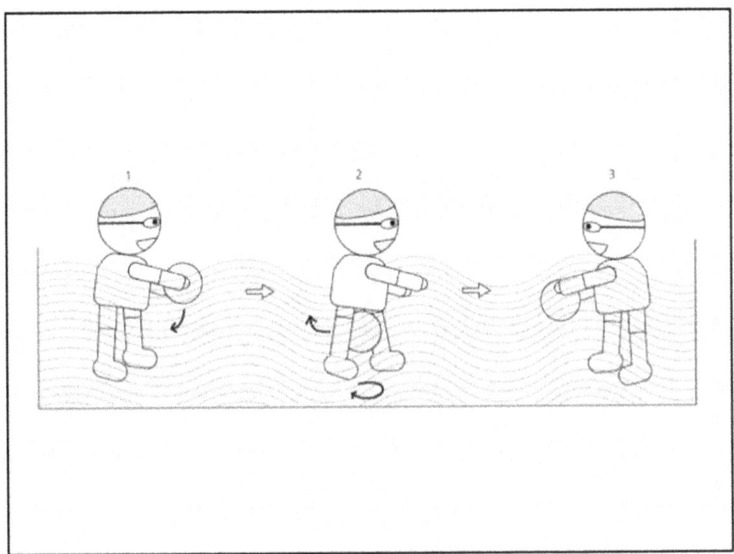

46. Exercices de perception

Participation: Groupe.

Type de piscine: Petit bassin.

Matériel: Balles.

Déroulement: Les élèves se placent en ligne avec les jambes séparés. Ils se passent une balle à travers les jambes sans qu'elle sorte à la surface.

Classement: Exercice de perception.

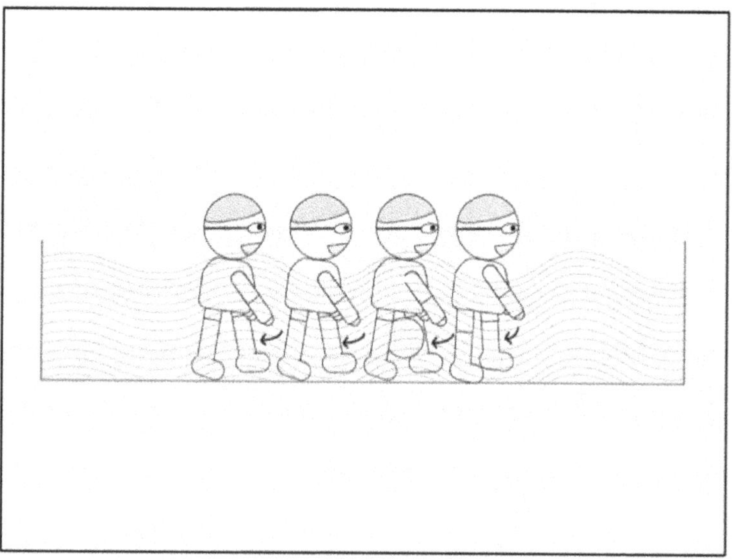

47. Exercices de perception

Participation: Individuelle.

Type de piscine: Petit bassin.

Matériel: Cerceaux, balles.

Déroulement: Chaque élève immerge une balle et la met sous un cerceau. Après il doit lâcher la balle pour qu'elle remonte à la surface.

Classement: Exercice de perception.

48. Exercices de perception

Participation: Individuelle.

Type de piscine: Petit bassin.

Matériel: Cerceaux.

Déroulement: Chaque élève tient un cerceau avec lequel il doit suivre les indications du professeur: passer au-dessus, au-dessous ou autour du cerceau.

Classement: Exercice de perception.

49. Exercices de perception

Participation: Individuelle.

Type de piscine: Petit bassin.

Matériel: Bouées.

Déroulement: Chaque élève s'assoit sur une bouée et suit les indications du professeur: plonger devant/en arrière/à droite/à gauche, etc.

Classement: Exercice de perception.

50. Exercices de perception

Participation: Individuelle.

Type de piscine: Petit bassin.

Matériel: Bouées.

Déroulement: Avec l'aide du professeur et deux bouées, chaque élève flotte sur le dos et se relaxe.

Classement: Exercice de perception.

51. Exercices de perception

Participation: Individuelle.

Type de piscine: Petit bassin.

Matériel: Bouées.

Déroulement: Chaque élève prend une bouée et se met sur le dos, ramenant alternativement les genoux à la poitrine.

Classement: Exercice de perception.

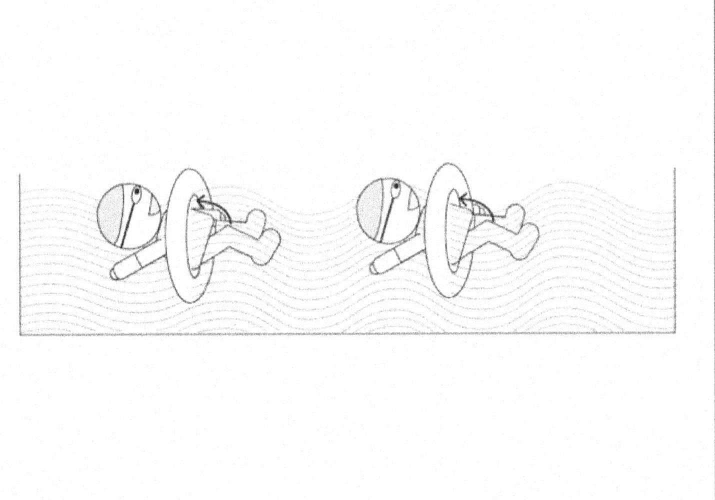

52. Exercices de perception

Participation: Individuelle.

Type de piscine: Petit bassin.

Matériel: Bouées.

Déroulement: Chaque élève prend une bouée et se met sur le dos. Il soulève les jambes et "pédale" hors de l'eau.

Classement: Exercice de perception.

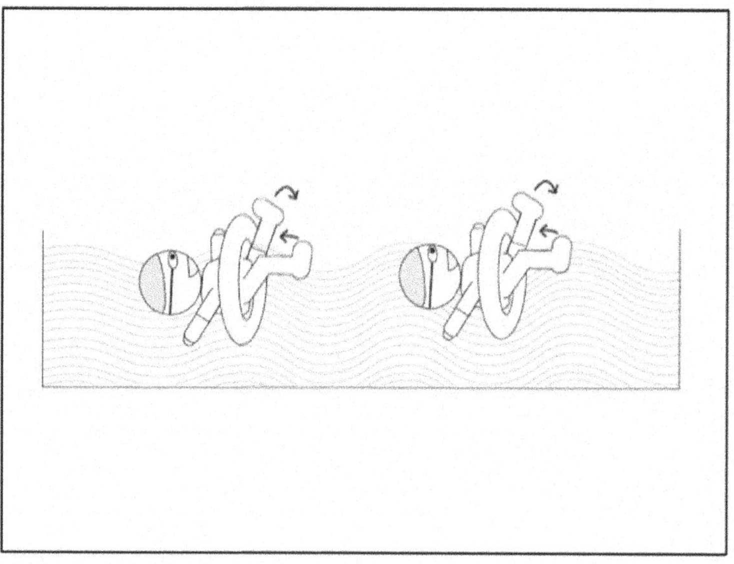

53. Exercices de perception

Participation: Individuelle.

Type de piscine: Petit bassin.

Matériel: Bouées y balles.

Déroulement: Le professeur met aléatoirement des balles et des bouées dans la piscine. Chaque élève, avec les yeux couverts par le bonnet de bain, identifie les objetct et les coloque sur le bord: les bouées à gauche et les balles à droite.

Classement: Exercice de perception.

54. Exercices de perception

Participation: Individuelle.

Type de piscine: Petit bassin.

Matériel: Bouées, balles, planche de natation, seaux.

Déroulement: Les élevès portent un objet (une bouée, une balle, une planche de natation...) avec lequel ils doivent réproduire le rythme que marque le professeur au même temps qu'ils se déplacent.

Classement: Exercice de perception.

55. Exercices de perception

Participation: Deux par deux.

Type de piscine: Petit bassin.

Matériel: Balles.

Déroulement: Deux élèves se passent une balle: un frappant avec la tête et l'autre avec les mains.

Classement: Exercice de perception.

56. Exercices de perception

Participation: Groupe.

Type de piscine: Petit bassin.

Matériel: Balle géante.

Déroulement: Les élèves s'alignent sur une file et se passent une balle géante au-dessus de leurs têtes.

Classement: Exercice de perception.

57. Exercices de perception

Participation: Individuelle.

Type de piscine: Petit bassin.

Matériel: Deux balles par élève.

Déroulement: Chaque élève nage en crawl poussant une balle avec chaque main alternativement.

Classement: Exercice de perception.

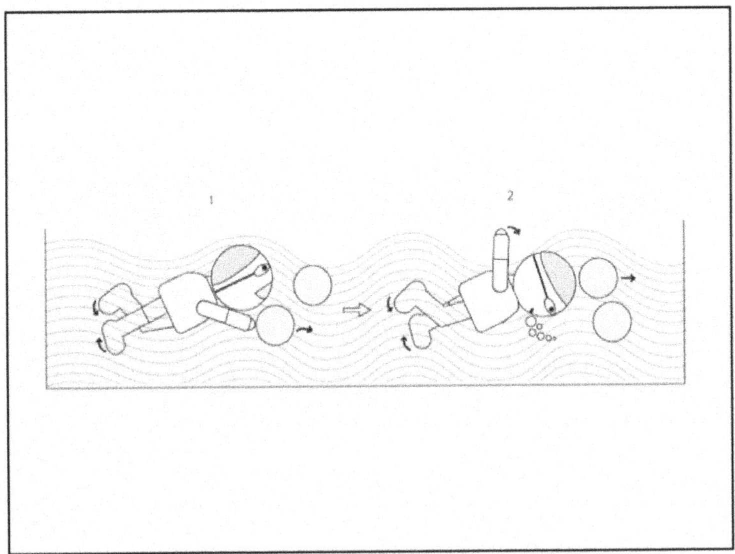

58. Exercices de perception

Participation: Individuelle.

Type de piscine: Petit bassin.

Matériel:

Déroulement: Le professeur marque un rythme avec les mains. Les élèves doivent le suivre battant l'eau avec les bras et les mains.

Classement: Exercice de perception.

59. Exercices de perception

Participation: Individuelle.

Type de piscine: Petit bassin.

Matériel:

Déroulement: Le professeur nomme différentes parties du corps: si l'élève l'a au-dessus l'eau il doit la plonger et à l'inverse.

Classement: Exercice de perception.

60. Exercices de perception

Participation: Deux par deux.

Type de piscine: Petit bassin.

Matériel:

Déroulement: Un élève fait des coups de bras et leur partenaire, placé devant, doit les reproduire.

Classement: Exercice de perception.

61. Exercices de perception

Participation: Individuelle.

Type de piscine: Petit bassin.

Matériel:

Déroulement: Le professeur signale une direction sur laquelle les élèves doivent sauter avec les jambes ensemble.

Classement: Exercice de perception.

62. Exercices de perception

Participation: Individuelle.

Type de piscine: Petit bassin.

Matériel:

Déroulement: Les élèves se mettent en position de "méduse" et essaient de passer à une position horizontale ventrale (avec les bras et les jambes complètement étirés).

Classement: Exercice de perception.

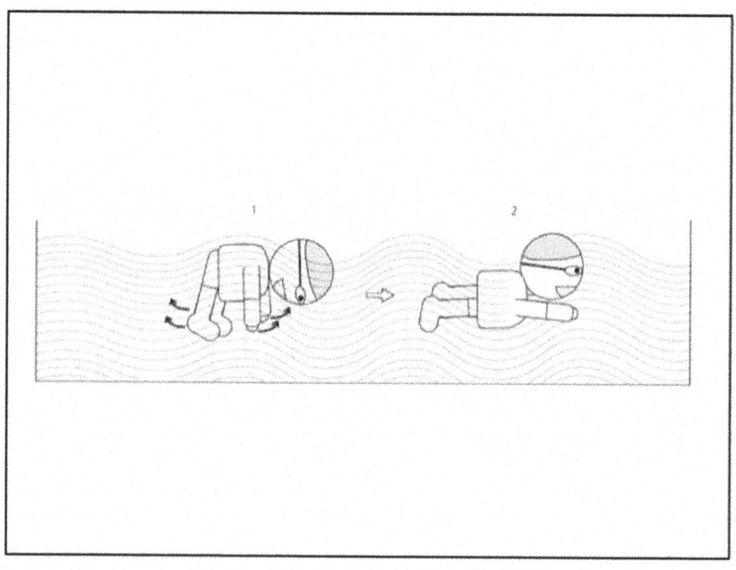

63. Exercices de perception

Participation: Deux par deux.

Type de piscine: Petit bassin.

Matériel:

Déroulement: Un élève se met en position horizontale dorsale et son partenaire essaie de lui bouger à une position verticale.

Classement: Exercice de perception.

64. Exercices de perception

Participation: Individuelle.

Type de piscine: Petit bassin.

Matériel: Ballons de baudruche.

Déroulement: Chaque élève gonfle un ballon de baudruche et ensuite laisse sortir de l'air.

Classement: Exercice de conditionnement physique: la respiration

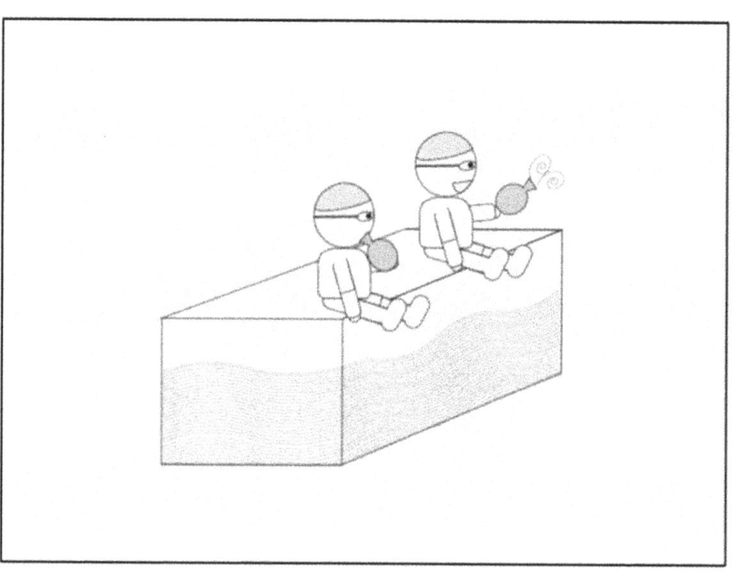

65. Exercices de perception

Participation: Groupe.

Type de piscine: Petit bassin.

Matériel: Petit bassin gonflable, ballons de baudruche

Déroulement: Dans un petit bassin gonflable il y a de l'eau que les élèves emploient pour en gonfler des ballons de baudruche et les lancer aux partenaires.

Classement: Exercice de conditionnement physique: la respiration

66. Exercices de perception

Participation: Individuelle.

Type de piscine: Petit bassin.

Matériel:

Déroulement: Prenant le bord avec les mains, les élèves font une inspiration profonde et ensuite expulsent de l'air par la bouche et le nez.

Classement: Exercice de conditionnement physique: la respiration

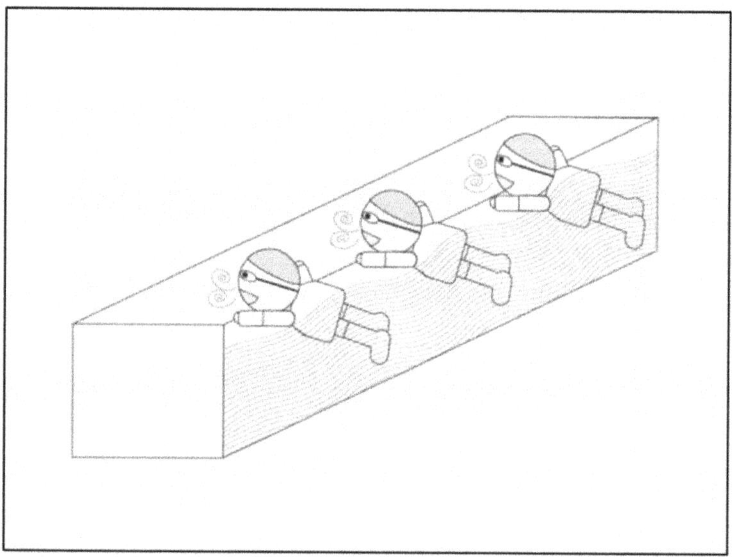

67. Exercices de conditionnement physique: la respiration.

Participation: Individuelle.

Type de piscine: Petit bassin.

Matériel:

Déroulement: Assis sur le bord, chaque élève se passe de l'eau sur la figure.

Classement: Exercice de conditionnement physique: la respiration

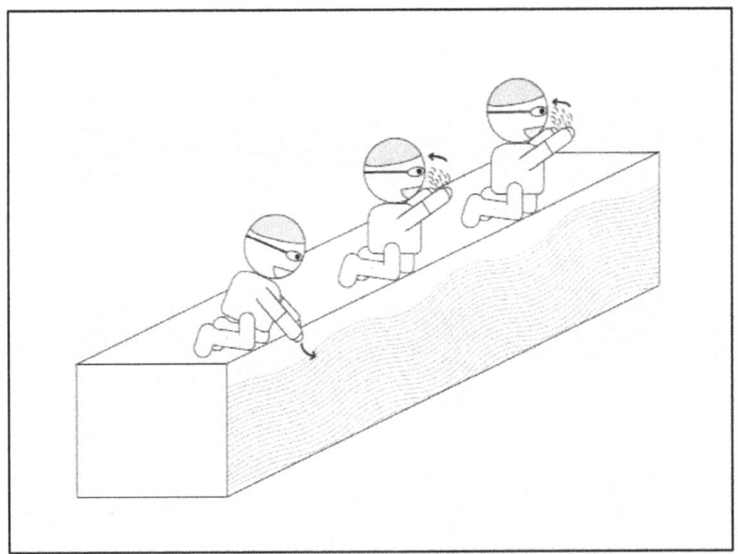

68. Exercices de conditionnement physique: la respiration.

Participation: Deux par deux.

Type de piscine: Petit bassin.

Matériel:

Déroulement: Assis sur le bord, les élèves se versent de l'eau les uns sur les autres.

Classement: Exercice de conditionnement physique: la respiration

69. Exercices de conditionnement physique: la respiration.

Participation: Groupe.

Type de piscine: Petit bassin.

Matériel:

Déroulement: Dans la piscine, les élèves vont essayer de jeter l'eau vers le haut aussi fort que possible.

Classement: Exercice de conditionnement physique: la respiration

70. Exercices de conditionnement physique: la respiration.

Participation: Individuelle.

Type de piscine: Petit bassin.

Matériel:

Déroulement: Chaque élève se déplace en soufflant deux balles de ping-pong sans qu'elles se séparent.

Classement: Exercice de conditionnement physique: la respiration

71. Exercices de conditionnement physique: la respiration.

Participation: Individuelle.

Type de piscine: Petit bassin.

Matériel:

Déroulement: Chaque élève fait une inspiration profonde et immerge le nez en retenant sa respiration.

Classement: Exercice de conditionnement physique: la respiration

72. Exercices de conditionnement physique: la respiration.

Participation: Individuelle.

Type de piscine: Petit bassin.

Matériel:

Déroulement: Sans lâcher le bord, chaque élève fait une inspiration profonde et immerge le nez en retenant sa respiration.

Classement: Exercice de conditionnement physique: la respiration

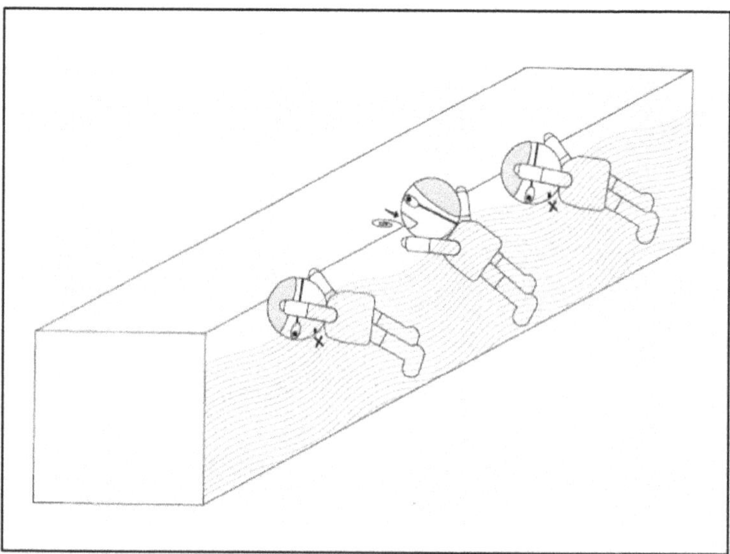

73. Exercices de conditionnement physique: la respiration.

Participation: Groupe.

Type de piscine: Petit bassin.

Matériel:

Déroulement: Les élèves se placent en cercle. Ils se submergent et expulsent de l'air en formant des bulles.

Classement: Exercice de conditionnement physique: la respiration

74. Exercices de conditionnement physique: la respiration.

Participation: Groupes de 4.

Type de piscine: Petit bassin.

Matériel: Cerceaux.

Déroulement: De quatre élèves, trois se déplacent se tenant à un cerceau et l'élève restant essaie de le traverser.

Classement: Exercice de conditionnement physique: la respiration

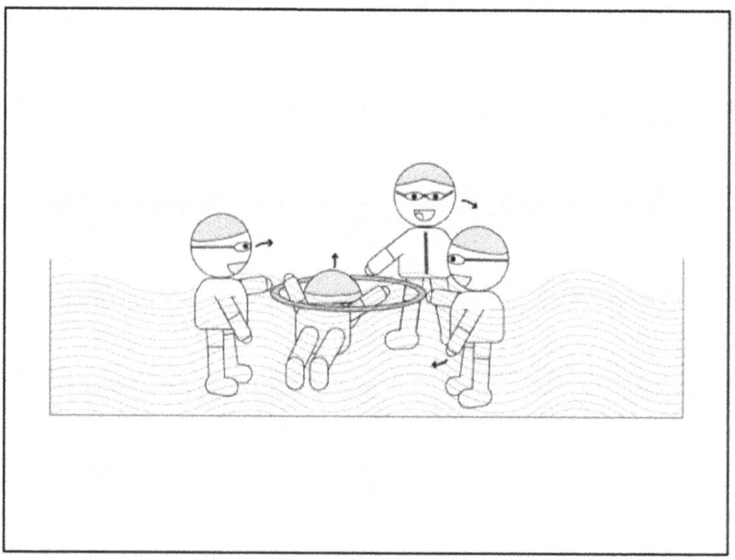

75. Exercices de conditionnement physique: la respiration.

Participation: Groupe.

Type de piscine: Petit bassin.

Matériel:

Déroulement: Dans la piscine, deux élèves se prennent les mains et les élèves restants essaient de passer au-dessous.

Classement: Exercice de conditionnement physique: la respiration

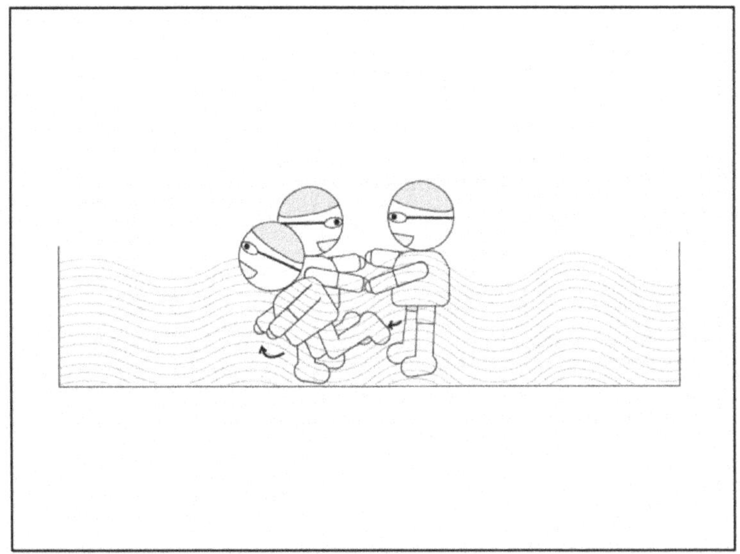

76. Exercices de conditionnement physique: la respiration.

Participation: Groupe.

Type de piscine: Petit bassin.

Matériel: Cerceux.

Déroulement: Quelques élèves forment une file chacun prenant un cerceau sous l'eau. Les élèves restants essaient les traverser.

Classement: Exercice de conditionnement physique: la respiration

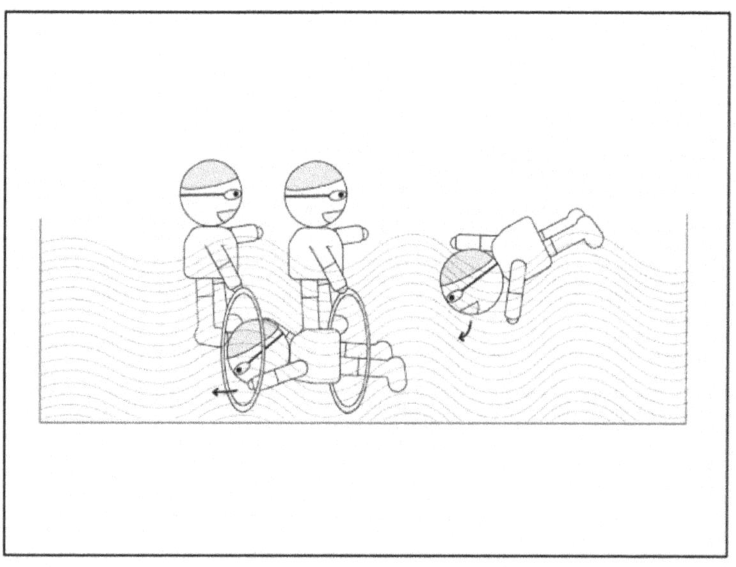

77. Exercices de conditionnement physique: la respiration.

Participation: *Individuelle.*

Type de piscine: *Petit bassin.*

Matériel:

Déroulement: *Tenant le bord, les élèves immergent la tête maintenant les yeux ouverts.*

Classement: *Exercice de conditionnement physique: la respiration*

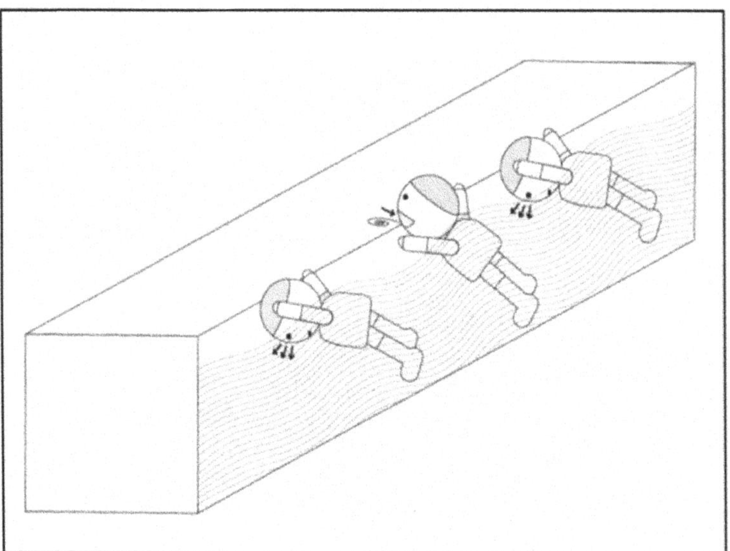

78. Exercices de conditionnement physique: la respiration.

***Participation**: Individuelle.*

***Type de piscine**: Petit bassin.*

***Matériel**:*

***Déroulement:** Tenant le bord, les élèves immergent la tête et soufflent formant toutes les bulles possibles.*

***Classement:** Exercice de conditionnement physique: la respiration*

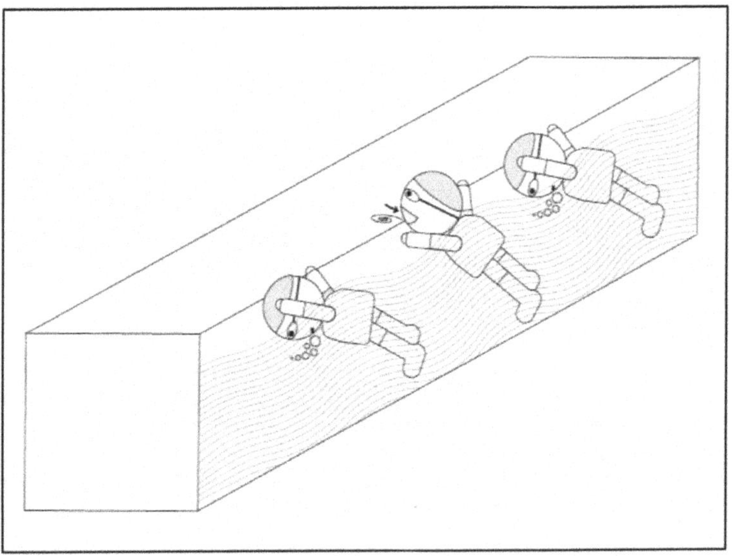

79. Exercices de conditionnement physique: la respiration.

Participation: Deux par deux.

Type de piscine: Petit bassin.

Matériel:

Déroulement: Deux élèves se prennent les mains et se submergent/ émergent alternativement.

Classement: Exercice de conditionnement physique: la respiration

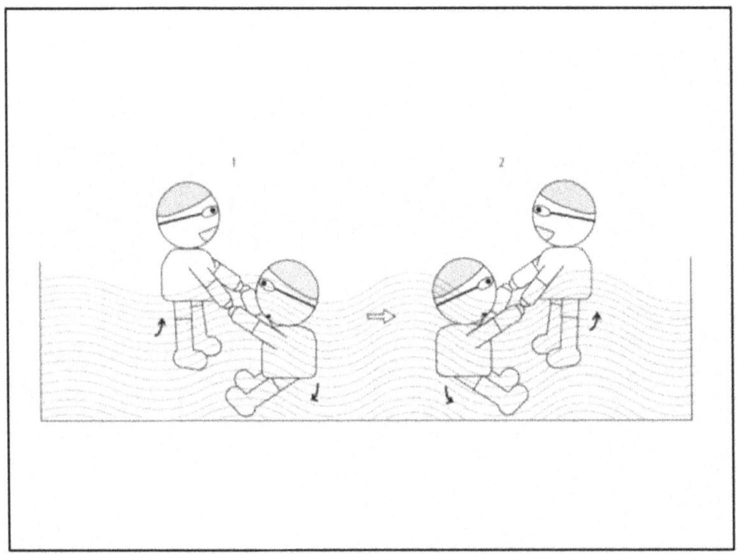

80. Exercices de conditionnement physique: la respiration.

Participation: Deux par deux.

Type de piscine: Petit bassin.

Matériel:

Déroulement: Un des élèves s'immerge pendant que l'autre indique un numéro avec les mains sous l'eau. L'élève qui s'est submergé remonte à la surface et dit le numéro montré.

Classement: Exercice de conditionnement physique: la respiration

81. Exercices de conditionnement physique: la respiration.

Participation: Individuelle.

Type de piscine: Petit bassin.

Matériel:

Déroulement: Chaque élève inspire profondément et expulse l'air sous l'eau avec force.

Classement: Exercice de conditionnement physique: la respiration

82. Exercices de conditionnement physique: la respiration.

Participation: Individuelle.

Type de piscine: Petit bassin.

Matériel:

Déroulement: Chaque élève inspire profondément et ensuite expulse l'air sous l'eau par le nez, se couvrant la bouche avec la main.

Classement: Exercice de conditionnement physique: la respiration

83. Exercices de conditionnement physique: la respiration.

Participation: Individuelle.

Type de piscine: Petit bassin.

Matériel:

Déroulement: Chaque élève immerge la tête et crie "Oooooh".

Classement: Exercice de conditionnement physique: la respiration

84. Exercices de conditionnement physique: la respiration.

Participation: Individuelle.

Type de piscine: Petit bassin.

Matériel:

Déroulement: Chaque élève prend de l'eau avec la bouche et l'expulse vers le haut.

Classement: Exercice de conditionnement physique: la respiration

85. Exercices de conditionnement physique: la respiration.

Participation: Individuelle.

Type de piscine: Petit bassin.

Matériel:

Déroulement: Les élèves saisissent le bord avec une main pendant qu'ils nagent en crawl avec l'autre bras.

Classement: Exercice de conditionnement physique: la respiration

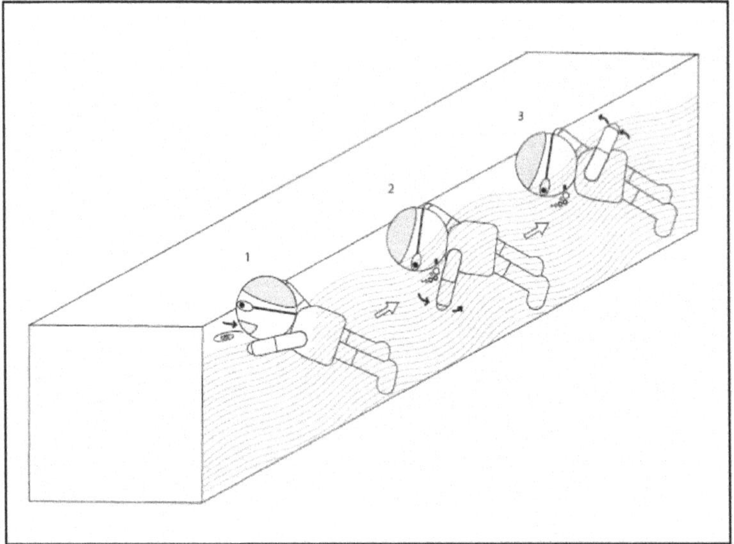

86. Exercices de conditionnement physique: la respiration.

Participation: Individuelle.

Type de piscine: Petit bassin.

Matériel:

Déroulement: Les élèves nagent en crawl avec un bras pendant que l'autre reste saisi au bord et à l'inverse.

Classement: Exercice de conditionnement physique: la respiration

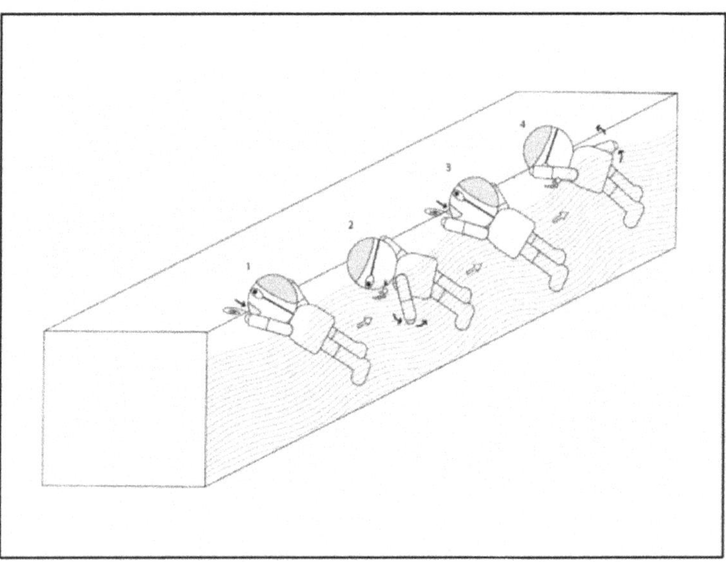

87. Exercices de conditionnement physique: la respiration.

Participation: Deux par deux.

Type de piscine: Petit bassin.

Matériel:

Déroulement: Se tenant des mains, chaque élève s'immerge et expulse de l'air par la bouche et le nez pendant que l'autre reste à la surface et à l'inverse.

Classement: Exercice de conditionnement physique: la respiration

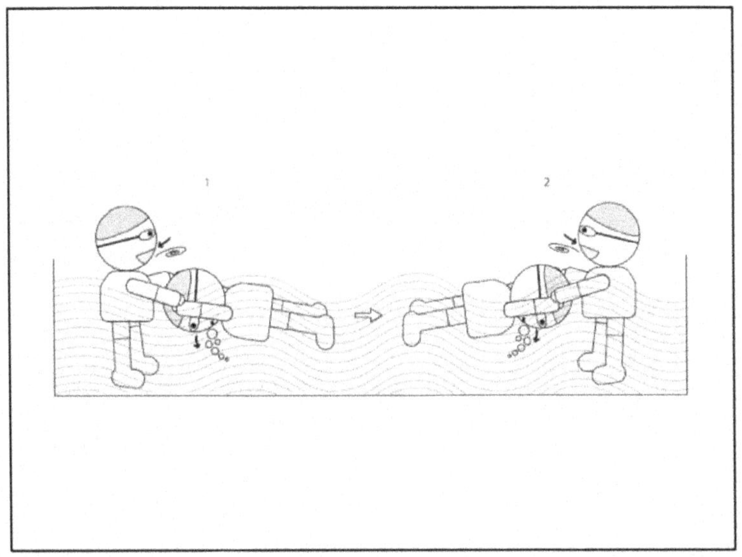

88. Exercices de conditionnement physique: la respiration.

Participation: Individuelle.

Type de piscine: Petit bassin.

Matériel: Planches de natation.

Déroulement: En position ventrale, les élèves saisissent une planche de natation avec les mains. Ils doivent inspirer et ensuite immerger la tête en retenant la respiration.

Classement: Exercice de conditionnement physique: la respiration

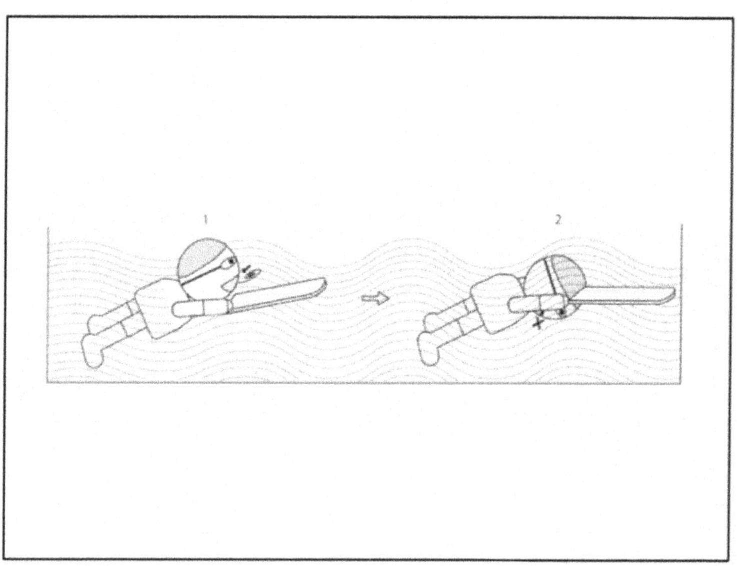

89. Exercices de conditionnement physique: la respiration.

Participation: Individuelle.

Type de piscine: Petit bassin.

Matériel: Planches de natation.

Déroulement: Les élèves marchent dans la piscine. Ils saisissent une planche de natation avec une main pendand que l'autre bras nage en crawl et à l'inverse.

Classement: Exercice de conditionnement physique: la respiration

90. Exercices de conditionnement physique: la respiration.

Participation: Individuelle.

Type de piscine: Petit bassin.

Matériel:

Déroulement: Les élèves font deux inspirations et ensuite quatre expirations sous l'eau.

Classement: Exercice de conditionnement physique: la respiration

91. Exercices de conditionnement physique: la respiration.

Participation: Individuelle.

Type de piscine: Petit bassin.

Matériel:

Déroulement: Le professeur signale le rythme de respiration (rapide, lent, très lent, etc.) et les élèves doivent le suivre.

Classement: Exercice de conditionnement physique: la respiration

92. Exercices de conditionnement physique: la respiration.

Participation: Groupe.

Type de piscine: Grand bassin.

Matériel:

Déroulement: Tous les élèves se mettent en position ventrale prennant le bord avec les mains. À la signale du professeur les élèves s'immergent et essaient de retenir sa respiration le maximum possible.

Classement: Exercice de conditionnement physique: la respiration

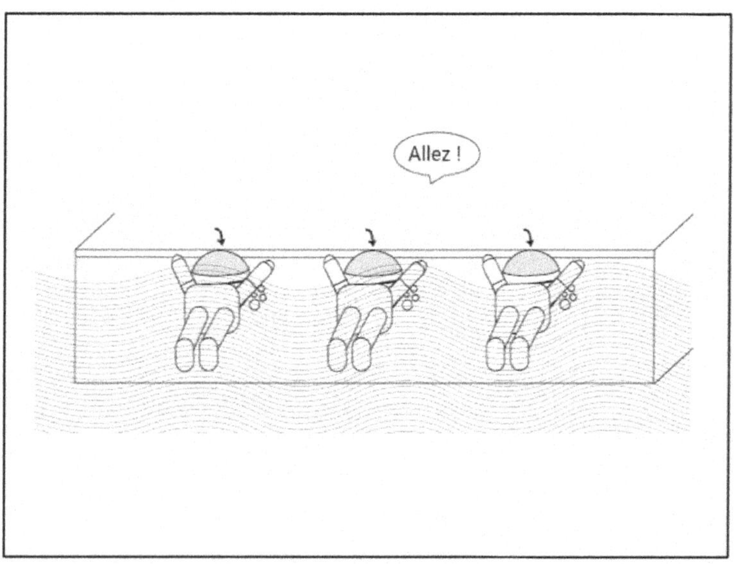

93. Exercices de conditionnement physique: la respiration.

Participation: Individuelle.

Type de piscine: Grand bassin.

Matériel: Planches de natation.

Déroulement: Tous les élèves saisissent une planche de natation avec les mains et se placent en position ventrale, faisant de battements de jambes. Ils doivent inspirer latéralement et expulser l'air sous l'eau.

Classement: Exercice de conditionnement physique: la respiration

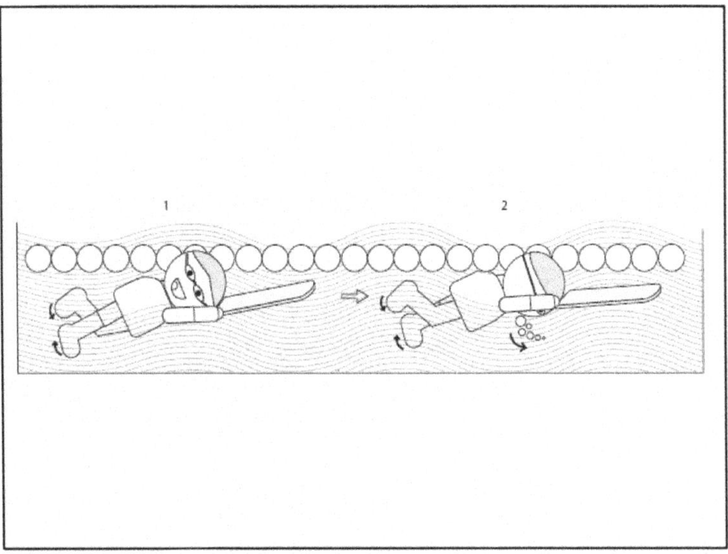

94. Exercices de conditionnement physique: la respiration.

Participation: Individuelle.

Type de piscine: Grand bassin.

Matériel: Planches de natation.

Déroulement: Alternativement, les élèves saisissent une planche de natation avec une main et avec l'autre nagent en crawl.

Classement: Exercice de conditionnement physique: la respiration

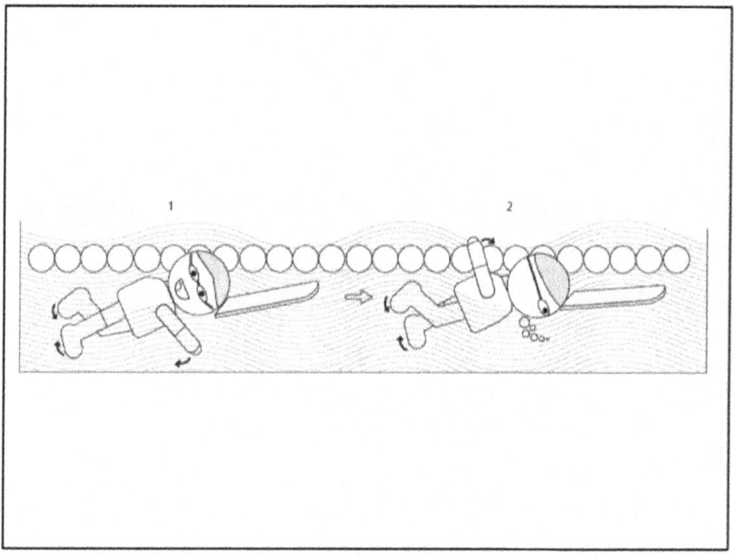

95. Exercices de conditionnement physique: la respiration.

Participation: Individuelle.

Type de piscine: Grand bassin.

Matériel:

Déroulement: Les élèves doivent nager en crawl sans respirer jusqu'au lieu signalé par le professeur.

Classement: Exercice de conditionnement physique: la respiration

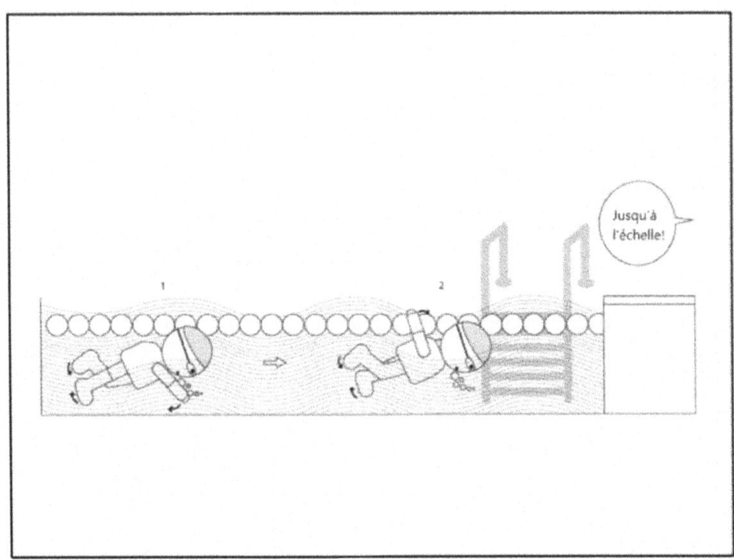

96. Exercices de conditionnement physique: la respiration.

Participation: Individuelle.

Type de piscine: Grand bassin.

Matériel: Balles de ping-pong.

Déroulement: En position ventrale et avec les mains dans le dos, les élèves battent les jambes et poussent une balle de ping-pong avec la tête.

Classement: Exercice de conditionnement physique: la respiration

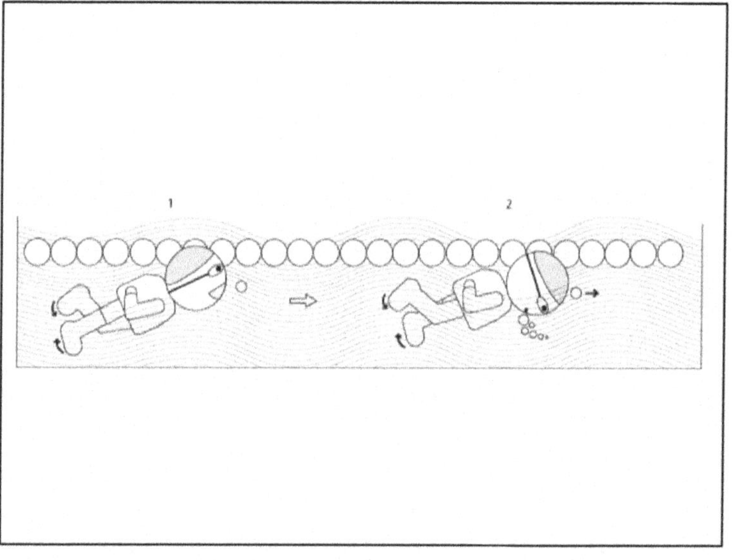

97. Exercices de conditionnement physique: la respiration.

Participation: Groupe.

Type de piscine: Petit bassin.

Matériel:

Déroulement: Quelques élèves forment un cercle se tenant les mains. D'autres se mettent au centre et essaient d'en sortir.

Classement: Exercice de conditionnement physique: la respiration

98. Exercices de conditionnement physique: la respiration.

Participation: Individuelle.

Type de piscine: Grand bassin.

Matériel:

Déroulement: Les élèves flottent en position vertical. Après une inspiration, ils se submergent et retiennent la respiration pendant dix secondes.

Classement: Exercice de conditionnement physique: la respiration

99. Exercices de conditionnement physique: la respiration.

Participation: Individuelle.

Type de piscine: Grand bassin.

Matériel:

Déroulement: Les élèves nagent en dos crawlé. Ils inspirent pendant le retour aérien d'un bras et expirent pendant le retour aérien de l'autre.

Classement: Exercice de conditionnement physique: la respiration

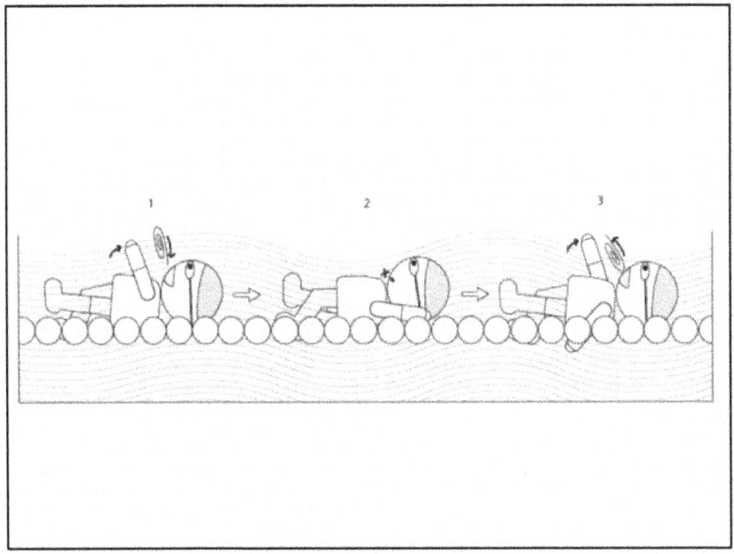

100. Exercices de conditionnement physique: la respiration.

Participation: Individuelle.

Type de piscine: Grand bassin.

Matériel:

Déroulement: Les élèves se submergent et essaient de cheminer sur le fond de la piscine.

Classement: Exercice de conditionnement physique: la respiration

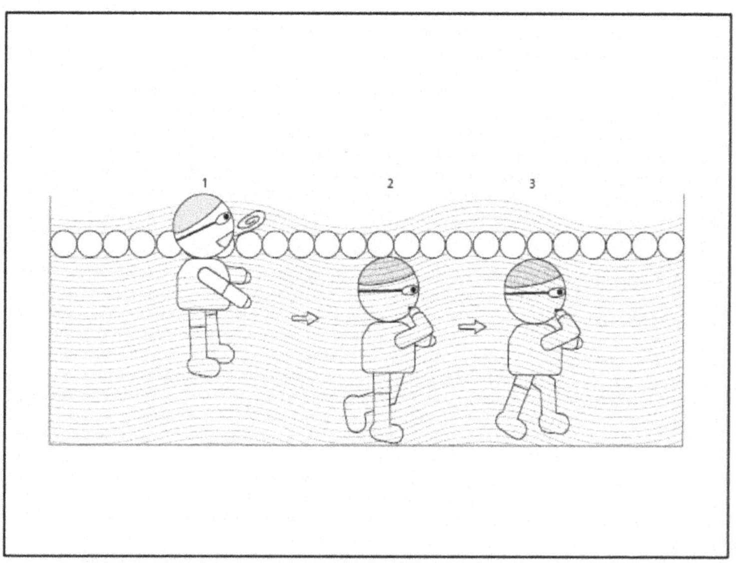

www.ingramcontent.com/pod-product-compliance
Ingram Content Group UK Ltd.
Pitfield, Milton Keynes, MK11 3LW, UK
UKHW021656190726
13853UKWH00001B/304

9 788418 682476